Tao Te King
Lao Tse

LAO TSE

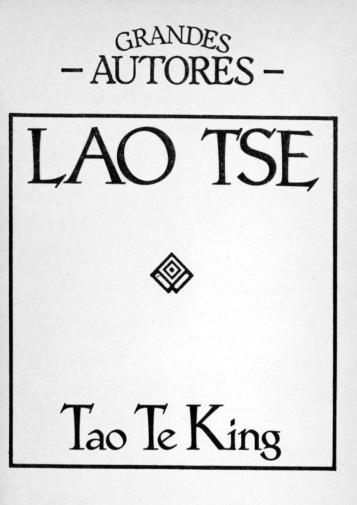

Tao Te King

Ediciones 29

Mandri, 41 - 08022 Barcelona (España)

Título: TAO TE KING

Autor: *Lao Tse*

La presente edición es propiedad de

© EDICIONES 29
Mandri, 41 - 08022 Barcelona
Teléfono 212 38 36 - Télex 98.772 CLLC-E
Fax: (93) 215 52 73

Impreso en España - Printed in Spain
Depósito legal: B. 9.579-1997
ISBN: 84-7175-232-8

Traducción: *Ramón Hervás*

Cubierta: RIPOLL ARIAS

«Libro impreso sobre papel ecológico»

Impreso en BIG,S.A.
Manuel Fernández Márquez, Mod 6-1.
San Adrián del Besos (Barcelona)

老子

Prólogo

Contrariamente a la inveterada costumbre de santones y regidores que repiten a diario verdades categóricas universales, el Tao se propone sembrar dudas, destruir certezas, aniquilar convicciones para, a partir del caos, edificar un pensamiento nuevo que ignore la guerra, la opresión, la codicia, la esclavitud, la humillación, la miseria y, desde ahí, construir un hombre nuevo hecho de tolerancia, humildad y sosiego.

Lao Tse parece que nació el año 571 a. de C. en Kiejeu, en el cantón de Li, provincia de Kou, en el reino de Tchu. Según la leyenda, hijo de una familia acomodada, llegó como alto funcionario a ser archivero imperial pero más tarde decidió retirarse para llevar en un lugar aislado la vida de un sabio. A lomos de su fabuloso búfalo quiso pasar al Tibet pero, retenido en la frontera, el aduanero le exigió como arancel que escribiera un libro para su edificación. Y así se asegura surgió el Tao, recopilación de aforismos que según la más pura ortodoxia serían la base espiritual del taoísmo e influirían poderosamente en todo el pensamiento universal.

Lao Tse llegó a Europa de la mano de los jesuitas franceses que Luis XIV expidió a China para que compitieran con sus colegas españoles, los cuales se habían asentado en el lejano imperio para aprender la matemática china. Según las primeras leyendas propagadas por los jesuitas, Lao Tse había permanecido ochenta y un años en las entrañas de su madre, donde, en cálido baño amniótico, pudo llevar a cabo largas meditaciones que le permitieron acceder a una idea aproximada de la muy adorable y muy santa Trinidad. Esta introducción en Occidente de un pensamiento cuya base más aparente es la mixtificación, no debía precisamente clarificar una forma de pensar que de inmediato se asoció al chamanismo y que aún hoy continúa asociada a eso que Etiemble llama «la esquizofrenia occidental», es decir, «el taoísmo, el zen, el yoga y la no-comunicación».

A través de unas sentencias sibilinas, el libro del Tao dice y desdice, afirma y niega, establece y borra, edifica y destruye, hace y deshace para transmitirnos un concepto fundamental: no sabemos nada y, apurando, si algo sabemos, es preferible que no lo divulguemos. Según la tradición, ni siquiera el propio Confucio llegó a una conclusión cierta en torno al Tao. Ni siquiera tras haber podido interrogar personalmente a Lao Tse, Confucio llegó a más conclusión que Lao era, lo mismo que el dragón, inasible. No pudo Confucio extraer nada de un hombre que había permanecido ochenta años en el útero de su madre y que luego vivió más de doscientos años. A causa de su maravillosa génesis, pro-

sigue la leyenda, se le llamo Lao (el viejo) y Tse (el niño) pues no en balde nació con toda la cabellera blanca.

Y si Confucio no tuvo la suerte de aprehender el Tao, los marxistas modernos no han sido más afortunados. Durante los años del revisionismo maoista, Lao Tse fue considerado como el pensador de los latifundistas, como el adalid de los poseedores de esclavos. Pero frente a esta imagen reaccionaria, marxistas occidentales veían en Lao Tse la premonición de la dialéctica de Engels. «Raros son aquellos que me conocen; preciosos son aquellos que me siguen.» Pero esta invitación que nos hace Lao Tse a través de los primeros versos del Tao, se desvanece a continuación ya que el tao está más allá de todo concepto. Efectivamente, «no puede ser expresado y descrito» porque ese tao «no es el tao absoluto».

Una postura que no es sino el más puro regocijo metafísico y en el cual algunos privilegiados descubren su esencia con prístina claridad. Como dice René Etiemble: «claro, sí, para todo espíritu confuso, y sobre todo para aquel que no sabe una palabra de chino.» Pero este desconocimiento no ha impedido, muy al contrario, establecer una serie de ideas correlativas al Tao, entre ellas la del ying y el yang, los dos principios contradictorios que rigen la vida natural. Pero mal podría establecer Lao Tse conceptos permanentes cuando insiste en preconizar la idea de una vida retirada y libre de pasiones ya que el no-ser es el estado permanente de vida y puesto que todas las cosas pueden ser reducidas a un gran principio: vive con indulgencia y humildad. «No hagas nada y todo estará hecho».

O «se rige un Estado como se fríe el pescadito», es decir, sin removerlo mucho en la sartén porque de lo contrario se desmenuzarían los peces, lo mismo que si un Estado multiplica sus leyes y ordenanzas acaba por oprimir a su pueblo. Este concepto sin duda debió estar bien patente en la mente de Lao Tse puesto que vivió en la época en que el gran imperio chino había sido desmembrado y veía como las leyes se multiplicaban en un afán, común a todos los regímenes autoritarios, de sofocar las fuerzas espirituales de su pueblo. En todo Estado, cuanto más estricta es la organización, más débil es la capacidad creadora de sus habitantes. Del antiguo imperio unitario chino, en la época de Lao Tse sólo quedaban raros vestigios; el rey representaba un papel de escasa importancia, el país estaba dividido, roto, agotado por luchas intestinas, amenazado por pueblos vecinos.

Verdadero libertario en un medio anárquico, Lao Tse reivindica la abolición de todo orden y no acata más tradición que la de la Madre. Señala un tao (camino, cabeza) que converge con el que siglos más tarde señalarían «los locos de Dios» del Islam, los sufís de la piel de camello. Un camino que es a la vez un audaz desafío tanto poético como político y que al mismo tiempo no deja de ser tampoco una denuncia en contra de todo el engaño que imponen las ideologías, las guerras y las intervenciones que sólo buscan preservar los intereses de unos pocos, una denuncia en contra de la degradación cotidiana de la libertad y de la fascinación de la violencia como instrumento de gobierno. La finalidad, ayer y hoy, era la misma pese a que en la China de Lao Tse se combatía según unas reglas de nobleza muy caballerescas pero que exigían, a la postre, que el vasallo muriera sin rechistar para salvaguardar el honor del blasón de los señores.

Frente a la omnipresencia del sistema, nada más eficaz que el pensamiento mutante y echarse al monte, es decir, ponerse a vivir al margen de la sociedad, negar todo compromiso, rehusar el matrimonio, la familia, la procreación, la obediencia a todos los poderes temporales para crear, como siglos después harían los gnósticos, una conciencia social que permitiera a los hombres conferir a sus pensamientos y a sus actos el rigor, el des-rigor, necesario para escapar de las zarpas del mundo, pues, como dice Cioran, «la injusticia gobierna el universo. Todo lo que se construye, todo lo que se deshace, lleva la impronta de una fragilidad inmunda como si la materia fuera el fruto de un escándalo en el seno de la nada.»

El Tao, como la gnosis, es una revelación. Una revelación cuya finalidad es combatir la forma de pensar del hombre, intentar cambiarle sus estructuras mentales. Porque Lao Tse sabe que de nada sirve modificar las relaciones de producción, transformar la naturaleza de los intercambios económicos y de la circulación de los capitales. Estos cambios de nada servirían si no se cambiasen simultáneamente las estructuras mentales del hombre. Y para cambiarlas, lo mismo que hicieron los gnósticos, Lao Tse da el aldabonazo que hace despertar a los dormidos, el golpe que despierta a los que «no ven», para romper con su estruendo las murallas de la inercia mental, para despertar en las mentes la chispa que pese a todo sigue viva y hacerla resurgir como un desgarrón que abre la noche profunda del alma.

Pero si el hombre duerme, el sistema vela. Y el sistema consuma la mixtificación suprema, la fagocitación del Tao, la ingesta de toda revelación, y nos brinda los productos de su digestión: un «taoísmo» mágico-religioso basado en técnicas alimentarias y sexuales, una sutil técnica para gobernar sin que los individuos sepan quién los tiraniza («aquel que sabe no habla», pero cuando habla dice que «El príncipe» sirve para los mismos fines, pero no dice en absoluto que el propósito secreto de Maquiavelo era enseñar al pueblo el arte de abatir al tirano), nos enseña las sutilezas del ying y el yang, nos muestra el arte del relativismo (lo que hoy es esto antes de mañana será aquello y viceversa), que el ser y la nada son la misma cosa y que ya el propio Lao Tse lo dijo bien claro, pues eso es al menos lo que dice Duywendak, «que sólo un muerto puede ser un buen taoísta». Porque «quien gobierna un Estado sin la ayuda de la inteligencia será un bienhechor» y porque «si combates sin amar la guerra combatirás mejor», aunque los príncipes te traten como aquellos perros de paja a los que se echaba a la hoguera tras el sacrificio.

Pero igual que amas la paz y te ves forzado a guerrear, estás forzado a repudiar el orden que te dicta la naturaleza con su eterno ciclo de vida y muerte, estás forzado a repudiar el orden inteligente, ese orden cuyo mal supremo te señala el Tao cuando te dice que él es la meta sin llegada, el camino a seguir sin moverse, el estático itinerario que nos muestra un niño de cabeza cana.

I

El Tao que se intenta aprehender no es el
    Tao mismo;
el nombre que se le da no es su nombre
    adecuado.

El nombre representa el origen del universo;
con un nombre, constituye la Madre de todos
    los seres.

Por el no ser, aprehendemos su secreto;
por el ser abordamos todos sus accesos.

No ser y Ser salen de un fondo único,
no se diferencian más que por sus nombres.
Y ese fondo único se llama Oscuridad.

Oscurear esa oscuridad,
tal es la puerta de toda maravilla.

II

Todo el mundo tiene lo bello por lo bello
y es en ello donde reside su fealdad.
Todo el mundo tiene el bien por el bien,
y es en ello donde reside su mal.

Porque el ser y la nada se engendran.
Lo fácil y lo difícil se completan.
El largo y el corto se forman el uno por el
    otro.

El alto y el bajo se tocan.
La voz y el sonido se armonizan.
El antes y el después se siguen.

He ahí por qué el santo adopta
la táctica del no hacer
y practica la enseñanza sin palabra.
Todas las cosas del mundo surgen
sin que él sea el autor.

Produce sin apropiarse,
actúa sin nada esperar,
y su obra consumada, no se ata a ella,
y puesto que no ata,
su obra prevalecerá.

III

No glorifiques para nada a los hombres de
  mérito
si quieres que el pueblo no dispute.
No estimes los tesoros codiciados
para que el pueblo no los robe.
No exhibas absolutamente aquello que lleva
  a la envidia
para que su alma no sea torturada.

El gobierno del santo
consiste en vaciar el espíritu del pueblo,
en llenar su panza,
en debilitar su ambición,
en fortalecer sus huesos.

El santo actúa de tal suerte que el pueblo no
  tenga ni saber ni deseo
y que la casta de la inteligencia no ose
actuar.

Practica el no hacer
y todo permanecerá en el orden.

IV

El Tao es como un jarro
que el caño no llena nunca.
Es parecido a un abismo,
origen de todas las cosas del mundo.

El Tao mella todo filo,[1]
desenreda todo ovillo,[2]
fusiona todas las luces,[3]
unifica todas las polvaredas.[4]

Parece muy profundo,
parece durar siempre.
Hijo de yo no sé quién,
debe ser el ancestro de los dioses.

(1) Símbolo de la eminencia.
(2) Símbolo del conflicto.
(3) Símbolo de las cualidades.
(4) Símbolo de los defectos.

V

El universo no tiene afectos humanos;
todas las cosas del mundo le son como perros
   de paja.
El santo no tiene afectos humanos;
el pueblo le es como perro de paja.

El universo es parecido al fuelle de la fragua;
vacío, en absoluto está aplanado.
Más se le mueve, más exhala,
más se habla, menos se le entiende,
más vale insertarse en él.

VI

El espíritu del valle no muere.[1]
En él reside la hembra oscura;
en el umbral de la hembra oscura
reside la raíz del universo.

Sutil e ininterrumpido, parece durar;
su función no se agota jamás.

[1]. Valle, sinónimo de vacío, de espíritu y de inagotable, resume tres de las virtudes del Tao: la vacuidad, la imprevisibilidad y la inmortalidad.

VII

El cielo subsiste y la tierra dura.
¿Por qué el cielo subsiste y la tierra dura?

Porque no viven por ellos mismos.
Eso es lo que les hace durar.

El santo se pone atrás.
Se ha puesto pues adelante.
Descuida su yo
y su yo se conserva.
Porque se ha desinteresado,
sus intereses son preservados.

VIII

La bondad suprema es como el agua
que favorece todo y no rivaliza con nada.
Ocupando la posición desdeñada de todo
    humano,
está muy cerca del Tao.

Su posición es favorable.
Su corazón es profundo.
Su don es generoso.
Su palabra es fiel.
Su gobierno está en orden perfecto.
Cumple su tarea.
Trabaja a derechas.

No rivalizando con nadie,
es irreprochable.

IX

Más vale renunciar
que tener una taza llena de agua.
La espada que se afila sin cesar
no puede conservar más tiempo su filo.

Una sala llena de oro y de jade
no puede ser guardada por nadie.
Quien se pavonea de su riqueza y de sus
    honores atrae la desgracia.
«Una vez cumplida la obra, retírate»,
tal es la ley del cielo.

X

¿Puede tu alma abrazar la unidad
sin jamás separarse?
¿Puede concentrar tu aliento
hasta alcanzar la ligereza
    de un recién nacido?
¿Puedes purificar tu visión original
hasta hacerla inmaculada?
¿Puede amar al pueblo y gobernar
    el estado mediante el no hacer?
¿Puedes abrir y cerrar las celestes puertas
representando el papel femenino?
¿Puedes ver todo y conocer todo
sin recurrir a la inteligencia?

Producir y hacer crecer,
producir sin apropiarse,
actuar sin esperar,
guiar sin constreñir,
es la virtud suprema.

XI

Treinta radios convergen en el medio
pero es el vacío mediano
quien hace marchar el carro.

Se trabaja para hacer vasijas,
pero es del vacío interno
del que depende su uso.

Una casa está agujereada de puertas y de
    ventanas,
pero sigue siendo el vacío
quien permite se habite.

El Ser da unas posibilidades,
y es por el no-ser que se las utiliza.

XII

Los cinco colores ciegan la vista del hombre,
los cinco tonos ensordecen el oído del
hombre,
las carreras y las cacerías extravían el
corazón del hombre,
la búsqueda de tesoros excita al hombre a
cometer el mal.

De ahí por qué el santo se ocupa del vientre
y no del ojo.
De ahí por qué se rechaza éste y se elige
aquel.

XIII

Favor y desgracia sorprenden igualmente.
Veneran una gran desgracia como tu propio
   cuerpo.

¿Qué se entiende por «favor y desgracia
   sorprenden igualmente»?
El favor eleva y la desgracia rebaja.
Se obtiene el favor y uno se sorprende.
Se pierde y uno se sorprende también.
Tal es el sentido de «favor y desgracia
   sorprenden igualmente».

¿Qué se entiende por «veneran una gran
   desgracia como tu propio cuerpo»?
Lo que hace que yo experimente una gran
   desgracia, es mi cuerpo.
¿Si yo no tuviera cuerpo, qué desgracia
   podría experimentar?
Cualquiera que venere su cuerpo para el
   mundo puede vivir en el mundo.
Cualquiera que ame su cuerpo para el mundo
   puede fiarse al mundo.[1]

(1) Tal vez la interpretación más justa de estos últimos versos
nos la ofrece *El libro de la vía y de la virtud*: «A aquel que
ama más su propio cuerpo que el mundo entero, se le puede
confíar el gobierno del imperio...»

XIV

Al mirarle no se le ve, se le llama
   invisible.
Al escucharle no se le oye, se le llama
   inaudible.
Al tocarle no se le siente, se le llama
   impalpable.
Estos tres estados cuya esencia es
   indescifrable
se confunden finalmente en uno.

Su cara superior no está iluminada,
su cara inferior no está oscura.
Perpetuo, no puede ser nombrado,
y así el pertenecer al reino de las sin cosas.
Es la forma sin forma y la imagen sin imagen.

Es fugitivo e inasible.
Acogiéndolo, no se ve su cabeza,
siguiéndolo, no se ve su espalda.

Quien tome las riendas del Tao antiguo
dominará las contingencias actuales.
Conocer lo que es el origen
es asir el punto nodal del Tao.

XV

Los sabios perfectos de la Antiguedad eran
   tan finos,
tan sutiles, tan profundos y tan universales
   que no se les podía conocer.
No pudiendo conocérseles, se intenta
   representarlos:
eran prudentes como aquel que pasa un vado
   en invierno;
vacilantes como aquel que teme a sus
   vecinos;
reservados como un invitado;
móviles como el hielo a punto de fundirse;
concentrados como el bloque de madera
   bruta;
extendidos como el valle;
confusos como el agua fangosa.

¿Quién sabe por el reposo pasar lentamente
   de la turbación al claro
y por el movimiento de la calma a la
   actividad?
Cualquiera que preserva en él tal
   experiencia
no desea ser pleno.
No siendo pleno, puede sufrir el desgaste y
   renovarse.

XVI

Alcanza la suprema vacuidad
y mantente en quietud;
ante la agitación hormigueante de los seres
no contemples más que su regreso.

Los seres diversos del mundo
volverán a su raíz.
Volver a la raíz es instalarse en la quietud;
instalarse en la quietud es reencontrar
    el orden;
reencontrar el orden es conocer lo constante;
conocer lo constante es la iluminación.

Quien conoce lo constante
crea ciegamente su desgracia.
Quien conoce lo constante será tolerante.
Quien es tolerante será desinteresado.
Quien es desinteresado será rey.
Quien es rey será celeste.
Quien es celeste será uno con el Tao.
Quien es uno con el Tao vivirá mucho tiempo.
Y hasta el fin de su vida, nada podrá
    alcanzarle.

XVII

El Maestro eminente es ignorado por el
　　pueblo.
Luego viene aquel a quien el pueblo ama y
　　loa.
Después aquel al que teme.
Y al fin aquel al que desprecia.

Si el maestro no tiene más que una confianza
　　insuficiente en su pueblo,
éste desconfiará de él.

El Maestro eminente se guarda de hablar
y cuando su obra ha sido consumada y su
　　tarea cumplida,
el pueblo dice: «Esto viene de mí mismo.»

XVIII

El abandono del Tao
hace nacer la bondad y la justicia.
La inteligencia y el saber
arrastran consigo el gran artificio.
La discordia de los seis familiares[1]
hace nacer la piedad filial y el amor paternal.
La noche y el desorden del reino
provocan la lealtad y la buena fe.

[1] El padre y el hijo, el hermano mayor y el hermano menor,
el marido y la mujer.

XIX

Rechaza la sabiduría y el conocimiento,
el pueblo sacará cien veces más provecho.

Rechaza la bondad y la justicia,
el pueblo volverá a la piedad filial y al amor
    paternal.

Rechaza la industria y su beneficio,
los ladrones y los bandidos desaparecerán.

Si estos tres preceptos no bastan,
ordena el siguiente:
discierne lo simple y abraza lo natural,
reduce tu egoismo y refrena tus deseos.

XX

Abandonar el estudio es entregarse a
   las preocupaciones
¿Por qué en qué difieren sí y no?
¿En qué difieren bien y mal?
Se debe temer ese estudio que los hombres
   temen
porque todo estudio es interminable.

Todo el mundo se apasiona y se exalta
como si festejase la consumación de un gran
   sacrificio
o como si subiera a las terrazas de la
   Primavera.
Sólo yo permanezco imperturbable
como un recién nacido que aún no ha reído.
Yo sólo vago sin meta precisa
como un hombre sin hogar.

Todo el mundo tiene su riqueza,
sólo yo parezco desprovisto de ella.
Mi espíritu es el de un ignorante
porque es muy lento.
Todo el mundo es clarividente
y sólo yo estoy en la oscuridad.
Todo el mundo tiene el espíritu perspicaz,
yo sólo tengo el espíritu confuso
que flota como el mar, sopla como el viento.
Todo el mundo tiene su meta precisa,
yo sólo tengo el espíritu obtuso como
   el de un labriego.

Yo sólo difiero de los otros hombres
porque intento tomar teta de mi Madre.

XXI

La característica de una gran virtud
reside en su adhesión exclusiva al Tao.

El Tao es una cosa fugitiva e inasible.
Fugitiva e inasible, presenta sin embargo
  alguna imagen,
inasible y fugitiva es sin embargo alguna
  cosa.
Profunda y oscura, contiene una suerte
  de esencia.
Esta suerte de esencia es muy verdadera y
  comporta la eficacia.

Desde la antiguedad
su esencia no ha variado.
Para comprenderla
basta observar el gérmen de todo ser.
¿Cómo puedo yo conocer el gérmen de
  todo ser?
Mediante todo lo que acabo de decir.

XXII

Quien se pliega permanecerá entero,
quien se inclina será erguido,
quien se mantiene vacío será llenado,
quien sufre el desgaste se renovará,
quien abarca poco adquirirá el conocimiento
    seguro,
quien abarca mucho caerá en la duda.

Así el santo abrazando la unidad se hará
    el modelo del mundo.
No se exhibe y deslumbrará.
No se afirma y se impondrá.
No se glorifica y su mérito será reconocido.

No se exalta y se convertirá en el jefe.
Como no rivaliza con nadie,
nadie en el mundo puede rivalizar con él.

El antiguo proverbio «quien se plega
    permanecerá entero»,
¿es pues una palabra vana?
Es por allí que se guarda su integridad.

XXIII

Hablar raramente es conforme a
 la naturaleza.

Un torbellino no dura toda la mañana.
Un chaparrón no dura todo el día.
¿Quién los produce? El cielo y la tierra.
Si los fenómenos del cielo y de la tierra
 no son duraderos,
¿cómo las acciones humanas podrían serlo?

Quien va hacia el Tao, el Tao le acoge.
Quien va hacia la Virtud, la Virtud le acoge.
Quien va hacia la perdición, la perdición
 le acoge.

XXIV

Quien se alza sobre la punta de los pies
no se mantendrá mucho tiempo en pie.
Quien da grandes zancadas
no llegará muy lejos.
Quien se exhibe no deslumbrará
Quien se afirma no se impondrá.
Quien se glorifica no verá su mérito
    reconocido.
Quien se exalta no se convertirá en jefe.

Estas maneras son, para el Tao,
como son los restos de comida y los tumores
que repugnan a todos.

Aquel que conoce la ley de la naturaleza
no erigirá así su morada.

XXV

Había algo de indeterminado
antes del nacimiento del universo.
Esa cierta cosa es muda y vacía.
Es independiente e inalterable.
Circula por todas partes sin cansarse jamás.
Debe ser la Madre del universo.

No conociendo su nombre,
yo la llamo «Tao».
Me esfuerzo en llamarla «grandeza».
La grandeza implica la extensión.
La extensión implica el alejamiento.
El alejamiento exige el retorno.

El Tao es grande.
El cielo es grande.
La tierra es grande.
El hombre es grande.
De ahí por qué el hombre es uno de
    los cuatro grandes del mundo.

El hombre imita a la tierra.
La tierra imita al cielo.
El cielo imita al Tao.
El Tao no tiene otro modelo que sí mismo.

XXVI

Lo pesado es la raíz de lo ligero;
la quietud es la dueña de la agitación.
Así el príncipe viaja todo el día
sin abandonar su pesado furgón.
Ante los espectáculos más magníficos
permanece calmo y distante.
¿Cómo el dueño de diez mil carros
podría permitirse descuidar el imperio?
Quien se conduce con ligereza
perderá la raíz de su autoridad.
Quien se agita
perderá el dominio de sí mismo.

XXVII

Marchar bien es marchar sin dejar rodadas
    ni huellas.
Hablar bien es hablar sin cometer errores
    ni atraer reproches.
Calcular bien es calcular sin tener que
    recurrir a las varitas ni a las tablas.
Cerrar bien es cerrar sin barras ni cerrojos
y sin embargo que nadie pueda abrir.
Atar bien es atar sin cuerda ni bramante
y sin embargo sin que nadie pueda desatar.

El santo está siempre dispuesto a ayudar
    a los hombres y no omite ninguno;
está siempre dispuesto a utilizar bien
    las cosas y no desdeña ninguna.
En eso estriba el poseer la luz.

El hombre de bien es el dueño del hombre
    de no-bien.
El hombre de no-bien no es más que
    la materia bruta del hombre de bien.
Aquel que no reverencia ni al maestro ni a
    la materia
se extraviará grandemente a despecho de
    su inteligencia.

Ahí reside el secreto de la sabiduría.

XXVIII

Conoce lo masculino,
adhiere al femenino.
Se el Barranco del mundo.
Aquel que sea el Barranco del mundo,
la virtud constante no le abandonará jamás.
El ha encontrado de nuevo la infancia.

Conoce lo blanco.
Adhiere lo negro.
Se la norma del mundo.
Aquel que sea la norma del mundo,
la virtud constante no se alterará en él.
Ha encontrado de nuevo lo ilimitado.

Conoce la gloria.
Adhiere a la desgracia.
Se el Valle del mundo.
Aquel que sea el Valle del mundo,
la virtud constante está en abundancia en él.
El reencuentra el bloque de madera
    en bruto.

El bloque de madera, cortado según su fibra,
    forma utensilios.
El santo, siguiendo la naturaleza de
    los hombres,
deviene el jefe de los ministros.
De ahí por qué el gran señor no hiere nada.

XXIX

Quien intenta dar forma al mundo,
yo entiendo que no lo conseguirá.
El mundo, vasija espiritual, no puede ser
    formada.
Quien le de forma lo destruirá.
Quien lo tenga lo perderá.

Porque tan pronto los seres van adelante,
tan pronto siguen,
tan pronto resoplan ligeramente,
tan pronto resoplan fuerte,
tan pronto son vigorosos,
tan pronto son débiles,
tan pronto permanecen firmes,
tan pronto caen.

De ahí porqué el santo evita todo exceso
todo lujo y toda licencia.

XXX

Aquel que se refiere al Tao como dueño
    de hombres
no subyuga el mundo por las armas,
porque esta manera de actuar acarrea
    casi siempre una respuesta.
Allá donde campan las armas crecen espinas
    y cardos.

Así un hombre de bien se contenta
    con ser resuelto
sin usar de su fuerza.
Que sea resuelto con orgullo.
Que sea resuelto sin exageración.
Que sea resuelto sin ostentación.
Que sea resuelto sin necesidad.

Es en este sentido que el hombre es resuelto,
sin imponerse por la fuerza.

XXXI

Las armas son instrumentos nefastos
y repugnan a todos.
Aquel que comprende el Tao no las adopta.

El lugar de honor está a la izquierda.
cuando el noble está en su casa.
Está a la derecha
cuando lleva las armas.

Las armas son instrumentos nefastos,
no son instrumentos de nobleza.

El noble sólo se sirve de ellas por necesidad,
porque honra la paz y la tranquilidad
y no se regocija de su victoria.

Aquel que se regocija de su victoria
siente placer matando hombres.
Aquel que siente placer matando hombres
no puede jamás realizar su ideal en el mundo.

En los eventos fastos, el lugar de honor está
    a la izquierda.
En los eventos nefastos, está a la derecha.
El general segundo ocupa la izquierda,
el general en jefe ocupa la derecha.
Esto significa que están situados según los
    ritos fúnebres.

La masacre de hombres nos lleva a llorar
con pena y tristeza.
La victoria en una batalla conviene tratarla
según los ritos fúnebres.

XXXII

El Tao no tiene nombre.
Pese a que su fondo sea minúsculo,
el mundo entero no osa sujetarlo.

Si los príncipes o los señores pudieran
    adherirse al Tao,
todos los seres del mundo se someterían
    a ellos

El cielo y la tierra se unirían
para hacer bajar un dulce rocío,
los pueblos sin constricción alguna
se pacificarían por sí mismos.

Quien inaugura una institución establece
    las diversas funciones.
Las funciones una vez establecidas,
es preciso parar su multiplicación.
Quien detiene a tiempo esta multiplicación
puede conjurar toda catástrofe.

El Tao es al universo
lo que los arroyos y los valles son al río y
    al mar.

XXXIII

Quien conoce a otros es inteligente,
quien se conoce es iluminado,
quien vence a otros es fuerte,
quien se vence a sí mismo tiene la fuerza
    del alma.

Quien se contenta es rico.
Quien se esfuerza en hacer tiene voluntad.

Quien permanece en su lugar vive mucho
    tiempo.
Quien está muerto sin estar desaparecido
    alcanza la inmortalidad.

XXXIV

El Tao se expande como una oleada,
es capaz de ir a izquierda y a derecha.

Todos los seres han nacido de él
sin que él sea su autor.
El consuma sus obras
pero no se las apropia.

El protege y nutre a todos los seres
sin que sea su dueño,
así él se puede llamar grandeza.

Y es porque él no conoce su grandeza
que su grandeza se consuma y perfecciona.

XXXV

Aquel que posee la Gran Imagen
puede recorrer el mundo.
Lo hace sin peligro,
en todas partes encuentra la paz, el equilibrio
    y la tranquilidad

La música y la buena mesa
atraen a los viajeros,
pero todo lo que emana del Tao
es monótono y sin sabor.

Se mira el Tao
pero esto no basta para verlo.
Se le escucha,
pero esto no es suficiente para oírlo.
Se le gusta,
pero esto no es suficiente para encontrarle
    sabor

XXXVI

Quien quiere rebajar a alguien
debe primero engrandecerlo.

Quien quiere debilitar a alguien
debe primero fortalecerlo.

Quien quiere eliminar a alguien
debe primero exaltarlo.

Quien quiere suplantar a alguien
debe primero hacerle concesiones.

Tal es la visión sutil del mundo.

El ligero vence al duro.
El débil vence al fuerte.

El pez no debe salir de las aguas profundas.
Las armas más eficaces del Estado
no deben ser mostradas a los hombres.

XXXVII

El propio Tao no actúa
y sin embargo todo se hace por él.

Si príncipes y señores pudieran adherirse
    a él,
todos los seres del mundo se transformarían
    por sí mismos.

Si algún deseo surgiera entre los seres
en el transcurso de la transformación
    del mundo,
yo los mantendría en el límite del fondo sin
    nombre.

El fondo sin nombre
es lo que no tiene deseos.

Es por el sin-deseo y la quietud
por donde el universo se regula a sí mismo.

XXXVIII

La virtud suprema es sin virtud,
de ahí que ella es la virtud.
La virtud inferior no se aparta de las virtudes,
de ahí que ella no es la virtud.

Quien posee la virtud superior no actúa y no
    tiene meta.
Quien no posee más que la virtud inferior
    actúa y tiene una meta.

Quien se conforma a la bondad superior
    actúa,
pero no tiene meta.
Quien se conforma a la justicia superior actúa
y tiene una meta.
Quien se conforma al rito superior actúa
y exige que se le responda,
si no se recoge las mangas e insiste.

Así se ha dicho:
Después de la pérdida del Tao, viene
la virtud.
Después de la pérdida de la virtud, viene
la bondad.
Después de la pérdida de la bondad, viene
la justicia.
Después de la pérdida de la justicia, viene
el rito.
El rito es la corteza de la fidelidad y de la
confianza,
pero es también la fuente del desorden.
La inteligencia previsora es la flor del Tao,
pero también lo es del comienzo de
la idiotez.
Así el gran hombre permanece en el fondo
y no en la superficie,
se mantiene en el hueso del fruto y no en
la flor,
y rechaza ésta y acepta aquél.

XXXIX

He aquí lo que antaño sucedió a la unidad.
El cielo alcanzó la unidad y se hizo puro.
La tierra alcanzó la unidad y se hizo tranquila.
Los espíritus alcanzaron la unidad y
    se hicieron eficaces.
Los valles alcanzaron la unidad y se llenaron.
Los seres alcanzaron la unidad y
    se reprodujeron.
Los señores y los príncipes alcanzaron
    la unidad
y se hicieron el ejemplo del universo.

Si el cielo no es puro, se desgarra.
Si la tierra no estuviera tranquila,
    se arruinaría.
Si los espíritus no fueran eficientes,
    se aniquilarían.
Si los valles no se llenaran, se desecarían.
Si los seres no se reprodujeran,
    desaparecerían.
Si los príncipes y señores no fueran
    ejemplares, serían destronados.

La nobleza tiene por raíz la humildad.
El alto tiene por fundamento el bajo.
Así los príncipes y señores se llaman a sí
  mismos
«huérfanos», «viudos», «indignos de comer».
¿No es porque consideran la humildad como
  raíz?
El honor supremo no tiene honor.
El santo no quiere ser tallado finamente como
  el jade,
sino que prefiere ser desparramado como
  los guijarros.

XL

El retorno es el movimiento del Tao.
Es por la debilidad que él se manifiesta.
Todos los seres han salido del Ser.
El Ser ha salido del No-Ser.

XLI

Cuando un espíritu superior oye el Tao,
lo practica con celo.
Cuando un espíritu medio oye el Tao,
tan pronto lo conserva, tan pronto lo pierde.
Cuando un espíritu inferior oye el Tao,
ríe a carcajadas;
si no se ríera,
el Tao no sería el Tao.

Porque el adagio dice:
El camino de la luz parece oscuro,
el camino del progreso parece retrógrado,
el camino liso parece jiboso,
la virtud suprema parece vacía,
el candor supremo parece mancillado;
la virtud más abundante parece insuficiente,
la virtud sólida parece negligente,
la virtud de fondo parece fluctuante.

El gran cuadro no tiene ángulos,
la gran vasija lleva tiempo para acabarla.
El gran músico apenas tiene gamas.
La gran imagen no tiene forma.
El Tao oculto no tiene nombre.
Y sin embargo es el único
que sostiene y perfecciona todos los seres.

XLII

El Tao engendra Uno.
Uno engendra Dos.
Dos engendra Tres.
Tres engendra todos los seres del mundo.

Todo ser lleva en su espalda la oscuridad.
y estrecha en sus brazos la luz:
el hálito indiferenciado constituye su
    armonía.

Lo que repugna a los hombres
es ser huérfano, viudo, indigno de comer:
y sin embargo príncipes y duques no se
    nombran de otra manera.
Quien se disminuye crecerá;
quien se aumenta disminuirá.

Yo enseño esto a las gentes:
«El hombre violento no tendrá una muerte
    natural.»
¡Que aquel que lo ha dicho sea mi maestro!

XLIII

El más tierno en este mundo
domina al más duro
Sólo la nada se inserta en lo que no tiene
    grietas.
En lo cual yo reconozco la eficacia del no
    hacer.

La enseñanza sin palabras,
la eficacia del no hacer,
nada podría igualarlas.

XLIV

Renombre o santidad, ¿qué don es más
    precioso?
Santidad o fortuna, ¿cuál es la más
    importante?
Ganar el uno o perder la otra, ¿qué es peor?

Quien ama demasiado el renombre debe
    pagarlo muy caro;
quien demasiado acopia sufre grandes
    pérdidas.

Quien con poco se contenta, evita todo
    insulto.
Quien sabe dominarse previene las
    catástrofes.
Es así como se puede vivir mucho tiempo.

XLV

La perfección suprema parece imperfecta,
su acción nunca cesa;
la plenitud suprema parece vacía,
su acción no tiene límites.

La derechura suprema parece sinuosa.
La habilidad suprema parece torpe.
La elocuencia suprema parece balbuciente.

El movimiento triunfa del frío.
El reposo triunfa del calor.

Pureza y quietud son normas del mundo.

XLVI

Si el mundo está en buena vía,
los correos desensillados trabajan en
   los campos.
Si el mundo no está en buena vía,
los caballos de combate pululan en
   las afueras.

No hay mayor error que aprobar sus deseos.
No hay mayor desdicha que ser insaciable.
No hay peor azote que el espíritu de codicia.

Quien sepa limitarse
tendrá siempre bastante.

XLVII

Sin franquear la puerta
se conoce el universo.
Sin mirar por la ventana
se apercibe la vía del cielo.

Más lejos se va,
menos se conoce.

El santo conoce sin viajar,
comprende sin mirar,
consuma sin actuar.

XLVIII

Aquel que se da al estudio
aumenta de día en día.
Aquel que se consagra al Tao
disminuye de día en día.

Disminuye y sigue disminuyendo
para llegar a no actuar más.
Por el no actuar
no hay nada que no se haga.

Es por el no hacer
que se gana el universo.
Aquel que quiere hacer
no puede ganar el universo.

XLIX

El santo no tiene espíritu propio.
El hace suyo el espíritu del pueblo.

Ser bueno frente a los buenos
y bueno también hacia aquellos que no lo son,
es poseer la bondad misma.

Tener confianza en hombres de confianza
y también en aquellos que no son de fiar,
es poseer la confianza misma.

La existencia del santo inspira el temor
a todos los hombres del mundo.
El santo unifica los espíritus del mundo.

El pueblo vuelve sus ojos y tiende sus orejas
    hacia él
y el santo lo trata como a su propio hijo.

L

Salir, es vivir;
entrar, es morir.

Tres hombres de cada diez están en
    el camino de la vida.
Tres hombres de cada diez están en
    el camino de la muerte.
Tres hombres de cada diez que estaban en
    el camino de la vida
se encaminan prematuramente hacia la tierra
    de la muerte.
¿Por qué?
Porque aman demasiado la vida.

He oído decir que aquel que conoce el arte
    de cuidarse
no encuentra ni rinocerontes ni tigres
cuando viaja por tierra
y que no lleva coraza ni armas
cuando penetra en el seno del ejército
    enemigo.

El rinoceronte no encuentra lugar donde
    cornearle.
El tigre no encuentra lugar donde
    desgarrarle.
El ejército no encuentra lugar donde
    atravesarle.
¿Por qué?
Ningún lugar de él se abre a la muerte.

LI

El Tao produce.
La virtud conserva.
La materia proveé un cuerpo.
El medio lo termina.
Así todos los seres del mundo
reverencian el Tao y honran la virtud.
Esta veneración por el Tao y este respeto
    por la virtud
no son ordenados sino siempre espontáneos.

Porque es el Tao quien los produce,
es la virtud quien los conserva,
que los hace crecer y los educa,
que los termina y los madura,
que los nutre y los protege.

Producir sin apropiarse,
actuar sin nada alcanzar,
guiar sin constreñir,
he aquí la virtud suprema.

Todo aquello que bajo el cielo tiene un
origen,
éste origen está en la madre.

Quien aprehende la madre
conocerá los hijos.
Quien conoce los hijos
y se adhiere más a la madre
permanecerá intacto toda su vida.

Bloquea todas las aberturas,
cierra todas las puertas,
tú estarás sin desgaste al término de tu vida.
Abre todas las aberturas,
multiplica tus tareas,
tú estarás sin recursos al término de tu vida.
Abre todas las aberturas,
multiplica tus tareas,
tú estarás sin recursos al término de tu vida.
Percibir lo más pequeño, tal es la
clarividencia.
Conservar la dulzura, tal es la fuerza del
alma.
Utiliza los rayos de la luz,
pero hazlos volver a su fuente.
No atraigas sobre ti las desdichas,
así observarás lo constante.

LIII

Si yo fuera conocido ventajosamente en
    el mundo
marcharía sobre el gran camino,
no temiendo más que desviarme.

El gran camino es derecho
pero las gentes prefieren los atajos.

El corral está cuidado,
pero los campos están llenos de cizaña
y los graneros vacíos.

Vestirse con ropas bordadas,
ceñirse de espadas cortantes,
hartarse de beber y de comer,
acumular riquezas,
todo esto se llama robo y mentira
y no tiene nada del Tao.

LIV

Lo que está bien plantado no puede ser
    arrancado,
lo que está bien abrazado no puede soltarse.
Es gracias a la virtud que el hijo y el nieto
celebran sin desfallecer el culto de
    los antepasados.

Cultivada en sí mismo
su virtud será auténtica;
cultivada en su familia,
se enriquecerá;
cultivada en el Estado,
será floreciente;
cultivada en el mundo,
se hará universal.
Otro, la observa según sí mismo;
las familias, según sus familias;
las ciudades, según su ciudad;
los Estados, según su Estado;
el mundo, según este mundo.
¿Pero cómo puedo saber cómo va el mundo?
Por todo lo que acaba de ser dicho.

LV

Aquel posee en él la plenitud de la virtud
es como el niño recién nacido:
los insectos venenosos no le pican,
los animales salvajes no le arañan,
los pájaros de presa no le raptan.

Tiene los huesos frágiles y los músculos
    débiles,
pero su puño es todopoderoso.
Ignora la unión del macho y de la hembra,
pero su miembro viril se alza
de tan plena que es su vitalidad.
Lanza vagidos todo el día sin enroncar
de tan perfecta que es su armonía.

Conocer la armonía es aprender lo
    Constante.
Aprehender lo Constante es estar iluminado.
El abuso de la vida es nefasto.
Dominar el hálito vital por el espíritu, es ser
    fuerte.

Los seres devenidos fuertes envejecen,
esto se opone al Tao.
Cualquiera que se opone al Tao
perece prematuramente.

LVI

Aquel que sabe no habla,
aquel que habla no sabe.

Bloquea tu abertura,
cierra tu puerta,
mella tu corte,
desenreda toda madeja,
fusiona todas las luces,
unifica todos los polvos,
es la identidad suprema.

Tú no puedes acercarte al Tao
lo mismo que no puedes alejarte;
llevarle no puedes beneficio
lo mismo que tampoco perjuicio;
conferirle honor
ni tampoco deshonor.
Por esto se le tiene en tal alta estima en
    el mundo.

LVII

Un Estado se rige por leyes.
Una guerra se hace a golpes de sorpresas.
Pero es por el no hacer
que se gana el universo.
¿Cómo lo sé?
Por lo que sigue:

Contra más interdictos y prohibiciones hay,
más el pueblo se empobrece;
contra más armas cortantes se poseen,
más desorden se padece;
contra más se desarrolla la inteligencia
    fabricatoria,
más se difunden extraños productos;
contra más se multiplican las leyes y
    las ordenanzas,
más pululan los ladrones y los bandidos.

Es por ello que el santo dice:
Si yo practico el no-actuar,
el pueblo se transforma a sí mismo.
Si yo amo la quietud,
el pueblo se corrige a sí mismo.
Si yo no emprendo ningún negocio,
el pueblo se enriquece a sí mismo.
Si yo no alimento ningún deseo,
el pueblo vuelve de sí mismo a la
    simplicidad.

LVIII

Cuando el gobernador es indulgente,
el pueblo permanece puro.
Cuando el gobernador es puntilloso,
el pueblo se hace respondón.

La felicidad reposa sobre la desdicha;
la desdicha incuba bajo la felicidad.
¿Cuál es el término?
El mundo no tiene normas,
porque lo normal puede hacerse anormal
y el bien puede transformarse en
    monstruosidad.

Es desde hace mucho tiempo que los
    hombres
se han engañado sobre esa cuestión.
Así el santo disciplina sin herir,
purifica sin vejar,
rectifica sin constreñir,
ilumina sin deslumbrar.

LIX

Para gobernar a los hombres y servir al cielo,
nada vale tanto como la moderación,
porque sólo aquel que practica la
    moderación
obtendrá de buena hora el Tao.
Quien obtiene de buena hora el Tao
adquirirá doble reserva de virtud;
quien adquiere doble reserva de virtud
triunfará en todo;
quien triunfa en todo
no conocerá límites a su poder;
quien no conoce esos límites
puede poseer un reino;
quien posee la madre del reino
puede conservarlo mucho tiempo.
He aquí lo que se llama:
«la vida de la raíz profunda, de la base firme,
de la larga vida y de la visión duradera.»

LX

Se rige un gran Estado
de la misma forma como se fríe el pescadito.

Si se vela sobre el mundo con la ayuda del
    Tao,
los manes perderán su poder.
No solamente los manes se quedarán sin
    poder
sino que también los espíritus no
    perjudicarán más a los hombres.
No solamente los espíritus no perjudicarán
    más a los hombres
sino que también el soberano no perjudicará
    más a los hombres.
Si el soberano y los hombres no se
    perjudican,
cada cual se beneficiará.

LXI

Un gran país es un cauce,
el punto de reencuentro de todas las cosas,
la hembra del universo.

La hembra triunfa del macho para su
    tranquilidad.
Estar tranquilo es humillarse.

Un gran país que se inclina ante otro más
    pequeño,
lo atrae.
Igualmente, un país pequeño que se inclina
    ante el grande
gana su protección.
Así el uno acoge humillándose,
el otro es acogido inclinándose.

Un gran país no desea más que reunir
a los hombres y alimentarlos.
Un pequeño país no desea más que aliarse
    al grande
y servirlo.
Desde luego ambos obtienen lo que desean,
pero es preciso que el gran país se humille.

LXII

El Tao es el fondo secreto y común a todos
   los seres,
el tesoro de los hombres buenos
y el refugio de aquellos que no lo son.

Por hermosas palabras se pueden comprar
   honores;
por una hermosa conducta uno se puede
   elevar por encima de los otros;
¿pero por qué rechazar a los hombres que no
   son capaces?

Así por ejemplo se corona a un emperador,
se instala a tres duques,
se les ofrece jade y cuadriga.
Todo esto no es comparable
a aquel que, sin moverse, ofrece el Tao.

¿Por qué los antiguos estimaban tanto el Tao?
¿No sería gracias a que
el que busca encuentra
y que todo culpable se rehabilita?
Por esto se le tiene en tan gran estima en
   el mundo.

LXIII

Practica el no-actuar,
ejecuta el no-hacer,
gusta el sin-sabor,
considera el pequeño como el grande
y el poco como el mucho.
Ataca una dificultad en sus elementos fáciles;
consuma una gran obra mediante actos
pequeños.
La cosa más difícil del mundo
se reduce finalmente a unos elementos
   fáciles.
La obra más grandiosa se realiza
necesariamente por actos menudos.

El santo no emprende nada grande
y puede así conseguir su propia grandeza.
Quien promete a la ligera rara vez mantiene
   su palabra.
Quien encuentra todo fácil experimenta
   necesariamente muchas dificultades.

El santo considera todo como difícil
y no encuentra finalmente ninguna dificultad.

LXIV

Lo que está en reposo es fácil de mantener.
Lo que no ha sucedido es fácil de prevenir.
Lo que es frágil es fácil de romper.
Lo que es pequeño es fácil de dispersar.

Previene el mal antes que sea,
pon orden antes de que estalle el desorden.

Ese árbol que llena tus brazos ha nacido de
    un gérmen ínfimo.
Esa torre con sus nueve pisos viene de
    amontonar paletada tras paletada de
    tierra
El viaje de mil leguas comienza por un paso.
Quien actúa fracasa.
Quien retiene pierde.
El santo no actúa y no fracasa.
No retiene nada y no pierde nada.

A menudo un hombre que emprende un
    negocio
fracasa justo en el momento de acertar.
Aquel que permanezca tan prudente al final
como al principio no fracasará en su
    empresa.
Así el santo desea el sin-deseo.
No aprecia los tesoros buscados.
Aprende a desaprender.
Se aleja de los excesos comunes a todos los
    hombres.
Facilita la evolución natural de todos los seres
sin osar intervenir sobre ellos.

LXV

Los antiguos que practicaban el Tao
no buscaban iluminar a la gente.
Se dedicaban a dejarla en la ignorancia.
Si el pueblo es difícil de gobernar,
ello resulta del exceso de su inteligencia.

Quien gobierna un Estado usando su
    inteligencia
será un malhechor.
Quién gobierna un Estado sin la ayuda de su
    inteligencia
será un bienhechor.

Conocer las dos cosas
es conocer el principio de todo gobierno.
Quien conoce este principio posee la virtud
    suprema.

La virtud suprema es profunda y vasta.
Ella opera al encuentro de las costumbres de
    los seres.
Ella permite alcanzar la armonía universal.

LXVI

Lo que hace que el río y el mar
puedan ser reyes de los Cien Valles,
es porque saben ponerse por debajo de
ellos.
He aquí por qué pueden ser reyes de los
Cien Valles.

Igualmente si el santo desea estar por
encima del pueblo,
tiene que rebajarse primero en palabras;
si desea ponerse a la cabeza del pueblo,
necesita ponerse en la última fila.

Así el santo está encima del pueblo
y el pueblo no siente su peso;
dirige el pueblo
y el pueblo no sufre.
He ahí por qué todo el mundo le empuja
gustoso a la cabeza
y no se cansa de él.
Puesto que no rivaliza con nadie,
nadie puede rivalizar con él.

LXVII

Todo el mundo dice que mi verdad es
    grande
y no se parece a ninguna otra.
Porque ella es grande
no se parece a ninguna otra,
pues si se pusiera a parecerse a alguna otra
hace mucho tiempo que sería pequeña.

Tengo tres tesoros y a ellos me dedico:
el primero es amor,
el segundo es economía,
el tercero es humildad.
Enamorado, yo me siento valiente,
ecónomo, me siento generoso,
no pretendiendo ser el primero en el mundo,
puedo llegar a jefe del gobierno.

Cualquiera que sea valiente sin amor,
generoso sin economía
y jefe sin humildad,
ese va hacia la muerte.

Quien se bate por amor, triunfa;
quien se defiende por amor, resiste,
pues el cielo le socorre y le protege con
    amor.

LXVIII

Un verdadero jefe militar no es belicoso.
Un verdadero guerrero no es colérico.
Un verdadero vencedor no se mete en
    la guerra.
Un verdadero conductor de hombres se pone
    por debajo de ellos.

Ahí se halla
la virtud de la no rivalidad

y la capacidad de conducir hombres.
Todo esto está en perfecta armonía con la ley
    del Cielo.

LXIX

Un estratega de la antigüedad dijo:
«Yo no oso tomar la iniciativa;
prefiero esperar.
No me atrevo a avanzar un palmo;
antes prefiero retroceder un pie.»

Esto es lo que se llama
progresar sin avanzar,
rechazar sin servirse de los brazos,
responder sin flechas,
oponerse sin armas.

No hay peor peligro que subestimar al
    enemigo.
Subestimar a su enemigo,
es casi perder su tesoro.
Cuando se enfrentan dos ejércitos de fuerzas
    iguales,
aquel que padece de sufrir la guerra es él
    quien se llevará la victoria.

LXX

Mis preceptos son muy fáciles de
  comprender
y muy fáciles de practicar.
Pero nadie puede comprenderlos
ni practicarlos.

Mis preceptos tienen su principio,
mi acción tiene su dirección.
Pero nadie las comprende
y yo sigo desconocido en el mundo.

Raros son aquellos que me conocen,
nobles son aquellos que me siguen.
El santo, bajo sus hábitos toscos,
guarda jade en su seno.

LXXI

Conocer, es no conocer:
he aquí la excelencia.
No conocer, es conocer:
he aquí el error.

Quien tenga conciencia de su error
no comete error.

El santo no comete ningún error
porque él tiene conciencia,
por eso evita todo error.

LXXII

Si el pueblo no temiera ya tu poder,
es que un gran poder se acerca.

No encierres al pueblo en estrechas casas.
No lo exprimas para no agotar sus medios
   de existencia.

Si tú no exprimes al pueblo,
el pueblo no se cansará de ti.

El santo se conoce y no se muestra en
   absoluto.
El se ama y en absoluto se envanece.
Por ello rechaza esto y adopta aquello.

LXXIII

El jefe temerario se hace matar.
El jefe circunspecto guarda su vida.
De estas dos formas de actuar,
la segunda es provechosa y
  la primera nociva.
¿De la aversión del cielo
quién conoce el por qué?

La vía del cielo
sabe vencer sin batallar,
responder sin hablar,
venir sin que se le llame
y trazar sus proyectos con serenidad.

Pese a sus amplias mallas
la gran red del cielo no deja nada escapar.

LXXIV

Si el pueblo no teme la muerte,
¿cómo la pena de muerte le dará miedo?

Si se pudiera hacer que el pueblo temiera
    constantemente la muerte
y si se pudiese atrapar y dar muerte
a todos aquellos que violan gravemente
    las leyes,
¿quién osaría hacer el mal?

El maestro verdugo está ahí para matar.
Matar usurpando el puesto del
    maestro verdugo,
es tallar en el lugar del maestro carpintero.
Es raro que aquel que talla en lugar
del maestro carpintero no se hiera la mano.

LXXV

El pueblo está hambriento
porque sus dirigentes le abruman
    de impuestos.
Por eso tiene hambre.

El pueblo es indócil
porque sus dirigentes son
    demasiado emprendedores.
Eso lo hace indócil.

El pueblo desprecia la muerte
porque su vida es demasiado dura.
Eso es lo que le hace despreciar la muerte.

Sólo aquel para quien la vida no es
    demasiado dura
puede apreciar la vida.

LXXVI

Los hombres al nacer son tiernos y frágiles,
la muerte los vuelve duros y rígidos;
al nacer las hierbas y los árboles son tiernos
  y frágiles,
la muerte los hace resecos y flacos.

Lo duro y lo rígido conducen a la muerte,
lo ligero y lo débil conducen a la vida.

Fuerte ejército no vencerá;
gran árbol se doblará.

La dureza y la rigidez son inferiores;
la ligereza y la debilidad son superiores.

LXXVII

¿La vía del Cielo no procede
a la manera de aquel que tensa el arco?
Baja lo que está arriba
y eleva lo que está abajo;
quita lo que está de más
y suple lo que falta.

La vía del cielo quita el excedente
para compensar lo que falta.
La vía del hombre es bien diferente:
el hombre quita al indigente
para añadirle más al rico:

¿Quién puede dar al mundo lo superfluo
sino aquel que posee el Tao?
El santo actúa sin nada esperar,
cumple su obra sin atarse a ella
y tiene su mérito escondido.

LXXVIII

Nada es más ligero y más débil que el agua,
pero para quitar lo duro y lo fuerte,
   nada la aventaja
y nada podría sustituírla.

La debilidad vence a la fuerza;
la ligereza vence a la dureza.
Todo el mundo lo sabe
pero nadie puede ponerlo en práctica.

Así el santo ha dicho:
Aceptar todas las inmundicias del reino,
es ser el señor del suelo y del grano.
Aceptar los males del reino
es ser el monarca del universo.

Las palabras de la Verdad parecen
   paradójicas.

LXXIX

Aquel que consigue apaciguar un
  gran resentimiento
deja siempre subsistir algún resentimiento.
¿Puede ser esto considerado como un bien?

Por ello el santo se queda la mitad izquierda
  del pagaré
pero no reclama nada a los otros.
Aquel que tiene la virtud no tiene el pagaré,
aquel que no tiene la virtud exige recibir
  lo que le deben.

La vía del Cielo ignora el favoritismo
y recompensa siempre al hombre de bien.

LXXX

Una nación pequeña y de escasa población
puede poseer un cierto material
que no debe emplear.

Es preciso que el pueblo considere la muerte
  como temible
y que no vaya más lejos.
Quien tenga barcos y coches,
que no los utilice.
Quien tenga armas y corazas,
que no las enseñe.
Que ponga en lugar de honor los
  cordelitos anudados[1]
y que los use.
Que encuentre sabroso su propio alimento,
que encuentre bellos sus vestidos,
que se contente de su habitación,
que se complazca de sus costumbres.

Los habitantes de dos países vecinos
se contentan con contemplarse mutuamente
y de oír a sus perros y a sus gallos;
morirán de vejez
sin que se hayan hecho visitas recíprocas.

(1) En la China antigua utilizaban unos cordeles anudados
con los cuales marcaban los acontecimientos del año.

LXXXI

Las palabras verdaderas no son agradables;
las palabras agradables no son verdaderas.
El hombre de bien no es un orador;
un orador no es un hombre de bien.
La inteligencia no es la erudición;
la erudición no es la inteligencia.

El santo se cuida de amasar;
al dedicarse al prójimo, se enriquece
y, después de haberlo dado todo,
    posee todavía más.

La vía del cielo tiene ventaja y no daña;
la virtud del santo actúa sin nada reclamar.

CLÁSICOS EJEMPLARES

Una colección singular y atractiva, Incluye autores y textos controvertidos que sugerirán al lector ideas y reflexiones nada convencionales. Obras fundamentales que impulsaron el progreso ideológico de la Historia, en ocasiones,y, en otras, amenidad e instrucción.

Autores y textos que apenas se incluyen en la mayoría de catálogos editoriales.

TÍTULOS PUBLICADOS

La conquista del pan, Piotr Kröpotkin
Diccionario de Botánica oculta, Paracelso
Ensayos, correspondencia y pensamientos, Blas Pascal
Antología mínima, Fernando Pessoa
Hojas de hierba, Walt Whitman
La novela de Pilatos, Maurice Laurentin
Textos revolucionarios, José Antonio Primo de Rivera
Dario de un seductor, Sören Kierkegaard
Elogio de la locura, Erasmo de Rotterdam
El Satiricón, Petronio
Magia y Misterio de la Alquimia, Mariano Vázquez
España, aparta de mí este cáliz, César Vallejo
Poesías, William Blake
Poesías, Hölderlin

COLECCIÓN GRANDES AUTORES

El Heptamerón, *Margarita de Valois*
El Satiricón, *Petronio*
El amante de Lady Chatterley, *D. H. Lawrence*
La dama de las camelias, *Alejandro Dumas*
Relatos para leer en la cama, *Colectivo de autores*
El Erotikón, *Colectivo de autores*
El Pornotikón, *Colectivo de autores*
El jardín perfumado, *Jeque Nefzawi*

El labrador marino, *Jack London*
Antes de Adán, *Jack London*
Nuevos cuentos del mar, *Jack London*
Historias de los siglos futuros, *Jack London*
Martin Eden, *Jack London*
Tiempos malditos, *Jack London*
Las aventuras del gran norte, *Jack London*
Con usted por la revolución, *Jack London*
Cara de luna y otros relatos, *Jack London*
Narraciones extraordinarias, 1.ª selección, *E. A. Poe*
Narraciones extraordinarias, 2.ª selección, *E. A. Poe*
Narraciones extraordinarias, 3.ª selección, *E. A. Poe*
Los sonetos, *Shakespeare*
Tao Te King, *Lao Tse*
Las flores del mal y otros poemas, *Baudelaire*
Antología poética, *Verlaine*
Dafnis y Cloe, *Longo*

Rimas y leyendas, *Gustavo Adolfo Bécquer*
Cartas desde mi celda, *Gustavo Adolfo Bécquer*
Diario de un seductor, *Sören Kierkegaard*
Hojas de hierba, *Walt Whitman*
Rubbaiyyat, *Omar Khayyam*
Prosas e iluminaciones, *Rimbaud*
Poesía completa, *Jorge Manrique*
Poemas satíricos, *Quevedo*
Poesía completa, *Fray Luis de León*
Obra poética, *San Juan de la Cruz*
La gitanilla, *Miguel de Cervantes*
La ilustre fregona, *Miguel de Cervantes*
Poesías escogidas, *Rubén Darío*
Poesías y exclamaciones, *Santa Teresa de Jesús*
Antología poética, *Gabriel y Galán*
Los caballeros del rey Arturo, *Pablo Mañé*
La leyenda del santo grial, *M. V. Alonso*
La perfecta casada, *Fray Luis de León*
Vida de las casadas y de las cortesanas, *Aretino*
Constitución española
Elogio de la locura, *Erasmo de Rotterdam*
Poesía española del siglo de oro
Vuelva Ud. mañana y otros artículos, *Larra*
Romancero español
Azul, *Rubén Darío*
Poesía romántica española
Ananga Ranga, *Anónimo*